GALINHA espiritinha

GALLINA espiritita

Luis Hu Rivas

4ª edição
Do 11º ao 13º milheiro
2.000 exemplares
Setembro/2018

© 2015 - 2018 by Boa Nova Editora

Capa
Luis Hu Rivas

Diagramação
Luis Hu Rivas

Revisão
Maria Carolina Rocha

Tradução
Martha Carlin

Coordenação Editorial
Ronaldo A. Sperdutti

Todos os direitos reservados. Nenhuma parte desta
obra pode ser reproduzida ou transmitida por qualquer
forma e/ou quaisquer meios (eletrônico ou mecânico,
incluindo fotocópia e gravação) ou arquivada em
qualquer sistema ou banco de dados sem permissão
escrita da Editora.

O produto da venda desta obra é destinado à
manutenção das atividades assistenciais da Sociedade
Espírita Boa Nova, de Catanduva, SP.

1ª edição: Fevereiro de 2015 - 5.000 exemplares

Dados Internacionais de Catalogação na Publicação (CIP)
(Câmara Brasileira do Livro, SP, Brasil)

Hu Rivas, Luis
   Galinha espiritinha = Gallina espiritita / Luis
Hu Rivas ; [tradução Martha Carlin]. --
Catanduva, SP : Boa Nova Editora, 2015.

   ISBN 978-85-8353-022-0

   1. Espiritismo - Literatura infantojuvenil
2. Kardec, Allan, 1804-1869 3. Literatura
infantojuvenil I. Título. II. Título: Gallina
espiritita.

15-00737   CDD-028.5

Índices para catálogo sistemático:

1. Espiritismo : Literatura infantil   028.5
2. Espiritismo : Literatura infantojuvenil   028.5

🔵 Este livro pertence a:

🔴 Este libro le pertenece a:

🇧🇷

Era uma vez uma fazenda muito, muito distante, onde vivia uma nobre galinha, a Galinha Espiritinha. O seu maior desejo era ter mais um filho.
– Pó pó pó pó pó... Este será o último pintinho. – disse a Galinha Espiritinha. Mas infelizmente ela não estava conseguindo tê-lo.
– Por que será que não podemos ter mais um? – pensou o Galo Carijó.
Eles queriam dar mais um irmãozinho aos seus pintinhos.
– Será por que já não uso aquela saia? – perguntou-se a Galinha Espiritinha.
– Ou será por que não tenho mais aquele antigo paletó? – indagou o Galo Carijó.

🇪🇸

Érase una vez una hacienda muy lejana, donde vivía una noble gallina, la Gallina Espiritita.
Ella deseaba intensamente tener un hijo más.
– Pó pó pó pó pó... Este será el último hijito. – dijo la Gallina Espiritita.
– ¿Por qué será que no podemos tener uno más? – pensó el Gallo Corocó. Ellos querían dar un hermanito a los pollitos.
– ¿Será porque ya no uso aquella falda? – se preguntó la Gallina Espiritita.
– ¿O será porque ya no tengo aquel antiguo reloj? – indagó el Gallo Corocó.

Tempos depois... a galinha ficou doente e o galo nem ligou. Então, os pintinhos foram correndo pra chamar o seu doutor.
– Será que você precisa mesmo de um doutor? – perguntou o Galo Carijó.
– Preciso sim, meu amor! – respondeu a Galinha deitada na cama.

Tiempo después la gallina enfermó pero al gallo no le importó, por eso corrieron los pollitos a llamar al doctor. – ¿Es necesario un médico? – preguntó el Gallo Corocó. – ¡Sí, lo necesito! – respondió la gallina postrada en la cama.

Os pintinhos abriram a porta e disseram:
— Estão aqui, chegaram!
O doutor e a enfermeira!
O doutor era o peru:
— Glu-glu.
E a enfermeira era um urubu:
— Uh-uh.
Aproximando-se, analisaram a saúde da Galinha Espiritinha e descobriram qual era seu estado.

Los pollitos abrieron la puerta y dijeron:
— ¡Llegó el doctor y la enfermera!
El doctor era el pavo:
— Glu-glu.
Y la enfermera era un halcón:
— Uh-uh.
Al aproximarse, analizaron la salud de la Gallina Espiritita y descubrieron cuál era su estado.

🇧🇷

Colocaram nela a agulha da injeção,
que era a pena do pavão.
– Uiiiii! – exclamaram os pintinhos.
E, então, o doutor revelou:
– A galinha está sadia!
E a enfermeira completou:
– O que ela tem é apenas tristeza.
– Pó pó pó pó pó... – disse a Galinha
Espiritinha.
– Sadia? – questionou o Galo Carijó.
– Mas ela não consegue ter outro
filhinho!

🇪🇸

Colocaron la aguja de la inyección
que era la pluma de pavo real.
– ¡Uiuii! – dijeron los pollitos.
El doctor entonces dijo:
– ¡La Gallina está sana! Y la
enfermera completó:
– Lo que ella tiene es sólo tristeza.
– Pó pó pó pó pó... – dijo la
Gallina Espiritita.
– ¿Sana? – preguntó el Gallo Corocó.
– Pero, ¡ella no puede tener
un hijito más!

🇧🇷

O doutor ficou pensativo e explicou:
— Talvez o problema não esteja
com ela, glu-glu.
— Então... será comigo? — perguntou
o Galo Carijó.
— Pode ser! Uh-uh. — acrescentou a enfermeira.
— Mas nós já tivemos esses outros pintinhos.
— argumentou a Galinha Espiritinha.
— Nós queríamos tanto mais um! — falou o
Galo Carijó.
— Seria o nosso último pintinho.
E, aí então, o doutor e a enfermeira
declararam que tinham feito o que podiam e,
sem saber como mais ajudar, foram embora.

🇪🇸

El doctor se quedó pensando y dijo:
— Tal vez ella no sea la del
problema, glu-glu.
— Entonces... ¿seré yo? - pregunto el
Gallo Corocó.
— ¡Puede ser! Uh-uh. — afirmó la enfermera.
— Pero nosotros ya tuvimos otros pollitos.
— dijo la Gallina Espiritita.
— ¡Nosotros queríamos tener uno más!
— habló el Gallo Corocó.
— Sería el último pollito.
Entonces el doctor y la enfermera sin
saber cómo poder ayudar se despidieron.

🇧🇷

Quando estava escurecendo, o casal saiu para observar o céu. A galinha lembrou-se de um conselho que tinha lido num livro espírita.
– Carijó, quando alguém tem um problema, pode pedir ajuda com uma prece!
– Uma prece? – perguntou o Galo Carijó. – Isso funciona?
– Sim! – respondeu a Galinha Espiritinha. – É só fazer de coração!
– Mas eu não sei orar. – falou o Galo Carijó.
– Eu te ensino, é fácil! – afirmou a Galinha Espiritinha.
– Vamos! Oremos aqui mesmo.

🇪🇸

Cuando estaba oscureciendo la pareja salió a observar el cielo. La gallina recordó un consejo que leyó en un libro espírita.
– Corocó, cuando alguien tiene un problema, ¡puede pedir ayuda con una oración!
– ¿Una oración? – preguntó el Gallo Corocó. – ¿Eso sirve?
– ¡Sí! – respondió la Gallina Espiritita. – ¡Hagámosla de todo corazón!
– Pero, yo no sé orar. – dijo el Corocó.
– ¡Vamos! Yo te enseño, es fácil. – afirmó la Gallina Espiritita. – Oremos aquí mismo.

14

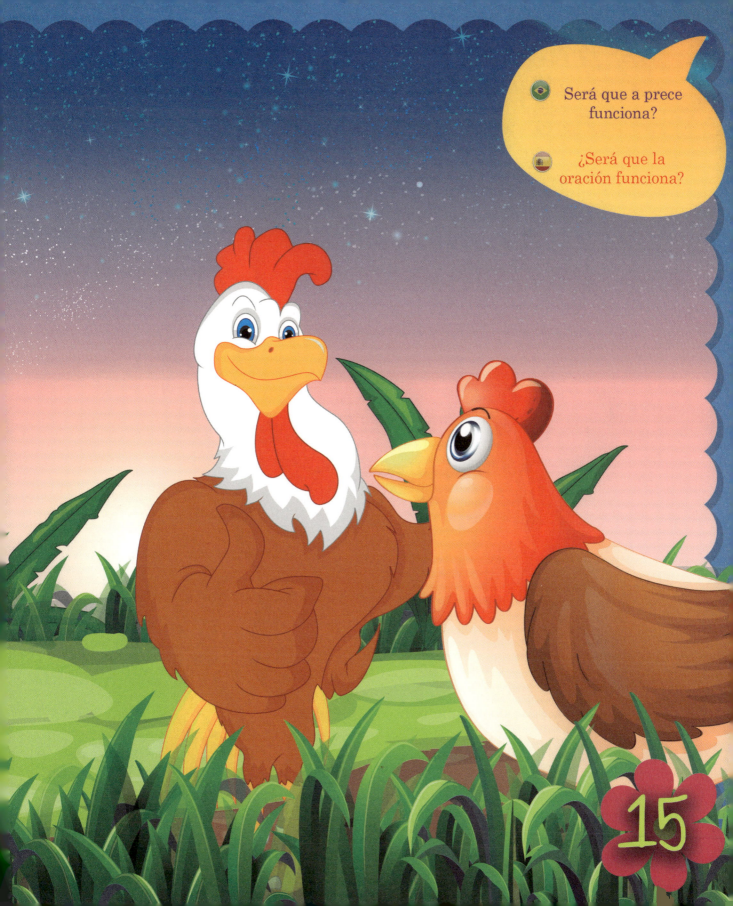

🇧🇷

Como fazia muito calor, a Galinha Espiritinha e o Galo Carijó permaneceram ali mesmo, fora da casa. Aproveitaram o lindo pôr de sol para orar e, antes de dormir, pediram:
– Bom Deus, ajuda-nos a ter mais um filhinho! Vamos amá-lo muito!
Até os pintinhos, chegando perto dos pais, começaram a orar:
– Papai do céu, dá mais um irmãozinho para podermos brincar!
E nesse momento, sem ninguém perceber, uma luz caiu do céu sobre suas cabeças e fez todos dormirem profundamente.

🇪🇸

Como hacía mucho calor, la Gallina Espiritita y el Gallo Corocó permanecieron en ese lugar, fuera de la casa. Aprovecharon la puesta de sol para orar y antes de dormir dijeron:
¡Buen Dios, ayúdanos a tener un hijito más! ¡Vamos a amarlo mucho!
Hasta los pollitos, que estaban juntos, oraron:
– ¡Padre del cielo danos un hermanito más para poder jugar!
Y en ese momento, sin que nadie se dé cuenta, una luz cayó del cielo, sobre sus cabezas, haciendo que todos duerman profundamente.

16

🇧🇷

Essa noite, algo surpreendente aconteceu. O Galo Carijó e a Galinha Espiritinha saíram de seus corpos durante o sonho! Uiiii! E vejam com quem o Galo Carijó se encontrou! Estava frente a frente com um galo de briga amarelo.
– Olá, Carijó! – cumprimentou o Galo Amarelinho.
O Galo Carijó ficou com muito medo.
– Não precisa ter medo, Carijó, eu quero ser seu amigo! – afirmou o Galo Amarelinho.
– Vem comigo, vou te mostrar algo que aconteceu no passado.

🇪🇸

Esa noche, algo sorprendente ocurrió. ¡El Gallo Corocó y la Gallina Espiritita salieron de sus cuerpos durante el sueño! ¡Uyyy! Y vean con quién el Gallo Corocó se encontró. Estaba frente a un gallo de pelea amarillo.
– ¡Hola, Corocó! – dijo el Gallo Amarillo.
El Gallo Corocó tuvo mucho miedo.
– No temas Gallo Corocó, ¡yo quiero ser tu amigo! – afirmó el Gallo Amarillo.
– Ven conmigo, te voy a enseñar algo que sucedió en el pasado.

18

🇧🇷

Rapidamente surgiu uma nuvem mágica e dentro dela apareceram dois galos. Um dos galos era Carijó e o outro era o galo de briga: o Galo Amarelinho. O Galo Carijó, para defender a sua namorada, enfrentou o galo de briga. Ambos lutaram numa arena, e o Galo Amarelinho venceu, deixando o Galo Carijó ferido.
– Mas como isso pôde ter acontecido? – perguntou o Galo Carijó, surpreso.
– E por que não me lembro de nada disso?
O Galo Amarelinho explicou:
– Esses galos fomos nós dois, numa vida passada.

🇪🇸

De repente, surgió una nube mágica y dentro de ella aparecieron dos gallos. Uno de ellos era el Gallo Corocó y el otro era un gallo de pelea: el Gallo Amarillo. Corocó por defender a su enamorada, se enfrentó al gallo de pelea. Ambos lucharon en una arena, pero el Gallo Amarillo venció, dejando al Gallo Corocó herido.
– Pero ¿como fue que sucedió? – preguntó el Gallo Corocó, sorprendido. – Yo no me acuerdo de nada.
El Gallo Amarillo explicó:
– Esos gallos éramos nosotros dos, en una vida pasada.

🇧🇷

O Galo Amarelinho estava realmente muito envergonhado e arrependido pelo que tinha feito. Ele pediu perdão a Carijó pela surra que lhe dera na outra vida.
— Por favor, Galo Carijó, deixe-me vir como seu filho! – implorou o Galo Amarelinho.
— E se você me machucar de novo? – indagou o Galo Carijó.
— Prometo que não acontecerá mais. – respondeu o Galo Amarelinho, com lágrimas nos olhos. – Seja um bom pai pra mim, ensine-me a amar!

🇪🇸

El Gallo Amarillo estaba realmente muy arrepentido por lo que había hecho. Él pidió perdón a Corocó por la zurra que le había dado en la otra vida.
— Por favor, Gallo Corocó ¡permíteme venir como tu hijo! – imploró el Gallo Amarillo.
— ¿Y si nuevamente tú me golpeas? – indagó el Gallo Corocó.
— Prometo que no sucederá más. – respondió el Gallo Amarillo. – Sé un padre bueno para mí, ¡enséñame a amar!

22

🇧🇷

O Galo Carijó pensava e pensava com muito medo.
– Eu batia nas pessoas assim porque o Gavião me obrigava. – disse o Galo Amarelinho. – E, como tinha medo dele, terminava batendo nos outros.
– Hum... está certo, vou te educar, sim! – afirmou o bom Galo Carijó. – Você será o meu filho! E ambos se abraçaram com muito amor e carinho. – Galo Carijó, você será o melhor pai do mundo! – falou o Galo Amarelinho banhado em lágrimas.
Nesse momento o Galo Carijó acordou e, imediatamente, lembrou-se do feliz sonho.

🇪🇸

El Gallo Corocó pensaba y pensaba con mucho miedo.
– Yo golpeaba a las personas porque así me enseñó el Gavilán. – dijo el Gallo Amarillo. – Y como le tenía miedo, terminaba golpeando a los demás.
– Hum... correcto, te voy a educar, ¡sí! – afirmó el buen Gallo Corocó. – ¡Tú serás mi hijo! Y ambos se abrazaron con mucho amor y cariño. – Gallo Corocó, ¡tú serás el mejor padre del mundo! – habló el Gallo Amarillo bañado en lágrimas.
En ese momento el Gallo Corocó despertó, recordando el feliz sueño.

🇧🇷

Naquela mesma noite, durante o sonho, a Galinha Espiritinha viu o Galo Amarelinho transformar-se num pintinho amarelo. – Você será o meu filho que tanto esperei! Será agora chamado de "o Pintinho Amarelinho". – falou a Galinha Espiritinha, emocionada ao vê-lo tão pequenininho. – Serei um bom galo! – respondeu o Pintinho Amarelinho. – Acordarei feliz com a primeira luz do sol todos os dias e cantarei agradecido pela nova oportunidade! Assim, uma luz saiu de seu coração em direção ao de sua nova mãe. Nesse momento a Galinha Espiritinha acordou contente.

🇪🇸

Aquella misma noche, durante el sueño, la Gallina Espiritita vio al Gallo Amarillo transformarse en un pollito amarillito. – ¡Tú serás mi hijo que tanto esperé! Serás llamado de "Pollito Amarillito". – dijo la Gallina Espiritita emocionada al verlo tan pequeñito. – ¡Seré un buen gallo! – dijo el Pollito Amarillito feliz. – ¡Despertaré con la primera luz del sol todos los días, y cantaré agradecido por la nueva oportunidad! Así, una luz salió de su corazón en dirección a su nueva madre. En ese momento la Gallina Espiritita despertó contenta.

26

🇧🇷

Alguns dias passaram e a notícia chegou:
A Galinha Espiritinha estava esperando
um neném.
– Finalmente! Pó pó pó pó pó... – gritou a
Galinha Espiritinha. – Vamos ter mais
um filho, Carijó!
– Um irmãozinho para vocês pintinhos!
Eba, piu-piu! – festejaram felizes
os pintinhos.
– Devo admitir, a prece funciona.
– afirmou o Galo Carijó.
E toda a família começou os preparativos
para a chegada do novo membro ao lar.

🇪🇸

Pasaron algunos días y la noticia llegó:
La Gallina Espiritita estaba
esperando un bebé.
– ¡Finalmente! Pó pó pó pó pó...
– gritó la Gallina Espiritita.
– ¡Vamos a tener un hijo más Corocó!
– ¡Un hermanito para ustedes! ¡Viva, pio
pio! – gritaron felices los pollitos.
– Debo admitir, la oración funciona.
– afirmó el Gallo Corocó.
Y toda la familia comenzó hacer
preparativos para la llegada del nuevo
miembro al hogar.

28

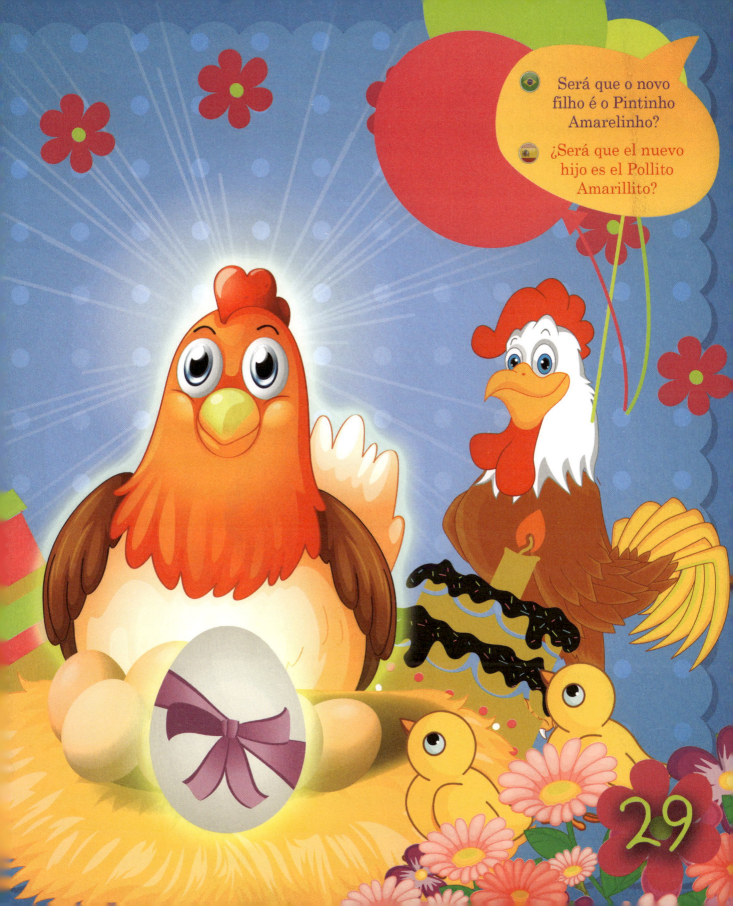

🇧🇷

Sim! Era o Galo Amarelinho, agora como o Pintinho Amarelinho reencarnado. Ele voltava à Terra, agora com a missão de ser um galo da paz e nunca mais ser violento.
Finalmente, a Galinha Espiritinha, o Galo Carijó e os pintinhos estavam todos muito contentes.
Olhem!!! O Pintinho Amarelinho nasceu e ganhou muitos presentes!... Que lindo!... Ele é tão pequenininho, e tão fofinho, que cabe na palma da mão!
E, assim, todos ficaram felizes para sempre!!!

🇪🇸

¡Sí! Era el Gallo Amarillo, ahora como el Pollito Amarillito reencarnado.
Él regresaba a la Tierra, ahora con la misión de ser un gallo de paz y nunca más ser violento.
Finalmente, la Gallina Espiritita, el Gallo Corocó y los pollitos estaban todos muy contentos. ¡Y miren!!! ¡El Pollito Amarillito nació y le dieron muchos regalos!... ¡Qué lindo!... ¡Él es tan pequeñito y tan mimoso que cabe en la palma de la mano!
Y así, todos fueron felices para siempre!!!

30

CONHEÇA TAMBÉM

Crianças Médiuns
Luis Hu Rivas

A historinha que deu inicio ao Espiritismo. Conto adaptado das irmãs Fox e dos fenômenos de Hydesville com atividades que incluem jogo teste para as crianças.

Conto - Literatura infantil | 20x24 cm
32 páginas

Meu pequeno Evangelho
Mauricio de Souza - Luis Hu Rivas - Ala Mitchell

Neste livro, a Turma da Mônica recebe a visita de André, um primo do Cascão que vai apresentar para as crianças conceitos do Evangelho que todos podemos usar no dia a dia, independentemente da religião que praticam. Meu Pequeno Evangelho traz lindas mensagens de amor, caridade e humildade, contadas de forma divertida com os personagens mais queridos do Brasil.

Conto - Livro infantil | 21x28 cm
64 páginas

Mais informações sobre o autor em: www.luishu.com
Mayor información sobre el autor en: www.luishu.com